ひきこもらせた親が死ぬまでにやるべきことを教えます

川崎栄太
KAWASAKI Eita

文芸社

はじめに

あなたの子は、どのくらいひきこもっていますか?

まだ、3年くらいでしょうか。

気がつけば、5年くらいでしょうか。

あっという間に、10年以上でしょうか。

最近はひきこもりも高齢化していまして、ひきこもり歴が30年を越えるご家庭も珍しくありません。

親として、初めはいろいろと考えて、あれこれとやってみたのかもしれません。誰かに相談したり、工夫したりしてきたのかもしれません。ですが、結局、何の進展も無いままに時間だけが過ぎて、次第に打つ手がなくなって、今では何て話しかけていいのかも分からないのかもしれません。あれだけ可愛かったうちの子が、年を取って、皺が深くなって、髪が白くなり始めていて、だけど、自立する力が無く、危機感が無く、表情だけは幼いまま。親として、何とも言えない気持ちになります。

ひきこもらせた期間が長くなればなるほど、親も年を取ります。いろいろと考えてあれこれとやっていた頃のような気力や体力はありません。「自分が死んだら、この子はどうなるのだろう?」といった現実が脳裏をよぎります。焦りとも不安とも言えないような、何ともしがたい気持ちを感じてしまいます。

この本には、「ひきこもりを抱えている親が死ぬまでにするべきこと」をまとめてあります。親として、残される子に、最後にできることです。この本に書いてあることを実行すれば、自分が死んだ後も子は生き続けることができます。逆に言えば、この本に書いてあることができていないと、残された子は生活ができないどころか、命が危機に晒されることすらあります。

残されたひきこもりの子は、収入を得ることはできませんし生活力もありません。どれだけ預金や資産を残してあげたとしても、まともに管理することも難しいでしょう。

「いや、いざとなったら、うちの子はできる」とお思いになる親御さんもいるかもしれません。ですが、まともに出来るならひきこもっていないはずです。預金をたくさん残したとしても、やがて底をつきますし、もっと大変なのは「詐欺」「ゆすり」「たかり」等の悪意ある行為から身を守ることです。お金をたくさん持っているひきこもりは、悪意のある人からすれば「おいしいカモ」です。億を越える預金があったとしても、あっという間に無くなります。

収入が無いのに資産だけ残された場合はもっと大変です。どれだけ資産があっても、現金が無ければ食べる物が買えなくて困ることだってあります。現金が無いから生活保護を受けたいと思っても、資産があれば生活保護は受けられません。

ひきこもりに残す資産といえば、家や自動車が多いのですが、生活能力の無いひきこもりは家や自動車の売却手続きができません。特に、不動産がある場合は、簡単に手放すことはできません。売却するにしても手続きは簡単ではありませんし、相応の手数料もかかります。最悪の場合は、資産だけはあるのに、収入が無くて食べる物が無くて、健康を壊して、精神が病んでしまい、最低限の生きることも出来なくなって、自殺してしまうことです。せっかく子のために残した預金や資産が、まったく活用されないばかりか、自殺する原因になることだってあるのです。

筆者は、これまでに十年以上自立支援の仕事をしてきました。十年前のひきこもり相談といえば、「ひきこもりは若者の問題」と言われていました。その後は、少しずつ「ひきこもりの高齢化」が危惧されるようになりました。現在のひきこもり事情はどうなったのかといえば、いわゆる８０５０問題と呼ばれるように、保護者の年齢は80代、ひきこもり当事者の年齢は50代になり、ひきこもり問題が解決するどころか、何ら変化のないまま高齢化をしています。そして、自立支援の現場で起こり始めていることは何かというと、ひきこもりを残したまま保護者が亡くなっていることです。残されたひきこもりはどうなるのかといえば、先ほど説明したように、悪意のある人に騙されたり、資産だけ残されてもどうしようの無かったり、場合によっては最後の頼みの綱である生活保護すら受けられずに、自殺するケースも増え始めています。

ひきこもりの問題は何十年かけても解決できませんでした。ですが、親亡き後のひきこもりが最悪の選択をしないために、保護者ができることは残っています。否、保護者にしかできないことが残っています。

この本にはひきこもりを自立させる内容は書かれていません。ひきこもりは自立できないままに、親が死んだ後を生きていくことが前提です。

ひきこもりを自立させることは、理論的にはできなくもないのですが、実際に支援できる人がいません。ひきこもりの支援は、ひきこもりの原因追究すらしないまま「当事者の気持ちが！」と精神論に終始しています。業界全体が精神論から脱却できないうちは、ひきこもりが解決することはありません。

ひきこもりの原因を簡単に説明すると、第一に「こもらせた親の世間体と無知」、第二に「当事者の病気や障害」です。それぞれに難しい問題ではあるのですが、どちらにも言えるのは「ひきこもったのは当事者のせいではない」ということです。

当事者に病気や障害があってひきこもってしまった場合は、原因は病気や障害にありますので当事者のせいではありません。病気や障害が原因なのに、ひきこもりと呼ぶのは変な話になります。

親が世間体を気にしすぎてしまい、子をこもらせ続けてしまうことは珍しくありません。誰とも相談しないまま、ただ「うちの子を外に出すのは恥ずかしい」という気持ちを優先して、家にこもらせ続けてしまいます。また、知識を得ないまま問題に取り組もうとする親も多くいまして、二言目には「やる気が出れば」とか「きっかけがあれば」と言い続けます。無知なまま問題に取り組んでも解決できませんので、結局は精神論や運頼みになってしまいます。無知は、現実には起こらないことを願い続けてしまいます。

親がこもらせている環境を作っていれば、子にやる気が出ることはありませんし、自立するきっかけも訪れません。その結果が、こもらせの長期化なのです。

そう遠くない将来に親が先に死にます。それでも残されたひきこもりは生きて行かなくてはなりません。残された子がきちんと生きていけるためにも、残された子が最悪の結果にならないためにも、この本に書いてある「やること」をやっていきましょう。

目次

やること① 親が残された人生を楽しむ

そもそも、親が子にするべきことは何でしょうか？

食べさせることでしょうか？

良い学校に行かせることでしょうか？

安定した会社に就職させることでしょうか？

自由にさせることでしょうか？

他にもたくさんあると思いますが、たぶん、どれも大切なことです。親として、子のためにしてあげたいことはたくさんありますし、期待することもたくさんあります。「期待しすぎてしまう」こともあるかもしれませんが、子の成長や幸せを願うのが親心です。ただ、子供は、してあげた通りに成長することはありません。ましてや、期待した通りの結果を出してくれることもありません。頭では分かっていたとしても、実際にうちの子がひきこもってしまえば、親として「してきたことは間違っていたのか？」とか「期待しすぎたのが悪かったのか？」といったマイナスの気持ちを抱えてしまいやすいものです。

何をするのが正しくて、何をするのが間違っているかなんて、誰にも分かりません。子育てに正解はありませんし、一般的に正しいと言われていることをやったからといって、みんな良い子に育つものでもありません。

ただ、我が子をこもらせてしまった親として、子にすべきことはあります。それは「生まれてきてくれた喜びを行動で表すこと」です。

その子を産んだとき、母として何を感じたのでしょうか？

その子が生まれたとき、父として何を感じたのでしょうか?

人それぞれにいろいろな考えや気持ちはあると思います。ただ、「生まれてくれて良かった」という気持ちはあったのではないでしょうか。この根源的でシンプルな気持ちは、本当に血を分けた親子にしかない気持ちです。うちの子は、ただ、生まれてくれて良かったのです。

ですが、人の生活は社会の中にありますので、生まれてから多くの社会的な要請が出てきます。社会のルールを守るとか、良い学校に行った方が良さそうとか、安定した会社に入った方がいい、といったことです。

ですが、ひきこもりになってしまい社会的な要請に応えられなかったからといって「生まれてくれて良かった」という気持ちまで否定してはいけません。

こもらせた親が、まず初めにすることは、残された人生を楽しむことです。子に対して「あなたを産んだ人生、あなたが生まれた人生は、本当に良かった」という気持ちを思い出して、残された人生を楽しんで、「私の人生は、本当に良い人生だった」と行動で伝えることです。

これは、親にしかできないことです。

楽しみ方は自由です。旅行が好きなら旅行でも良いですし、読書が好きなら読書に没頭しても良いでしょう。金銭的にできることやできないこともあるかもしれませんが、無理のない範囲で楽しみましょう。体力的にできないこともあるかもしれませんが、無理せず楽しみましょう。

親の気持ちが、ひきこもっている子に伝わるかは分かりません。ただ、このようなことは結果を期待してするものではありません。親心は、結局伝わらないかもしれませんが、それでも想い続けることに意味があるのです。

（とはいえ、まったく効果を期待していないこともありません。親がこの本に書いている「やること」に効果的に取り組むためにも、ひきこもらせた自責に囚われずに、やることをしっかりとやっていくことが大切です。そのためにも、親が自分の人生を楽しむことが重要なのです。やることはたくさんありますので、楽しみながら前向きにやっていきましょう。）

やること②　ゴールを決める

問題解決の視点からすれば、まず始めにすることはゴールを決めることです。ゴールは目的と言い換えても良いでしょう。
大切なのは「終わりを決める」ことです。

ゴールを決めないまま場当たり的に行動しても、多くの場合で次に挙げる４パターンに陥ります。

パターン①　何をしていいのか分からない。
パターン②　他人に影響されてしまう。

パターン③　これまでのやり方から抜け出せない。
パターン④　行動しても迷走してしまう。

ゴールを決めることで、現在がスタートになります。スタートとゴールの間には様々な課題があるかもしれませんが、その課題を解決しながら進んでいけば、いずれはゴールにたどり着きます。

パターン①の何をしていいのか分からない人は、ゴールが無いので、どちらに進んでいいのか分かりません。現在とゴールの間にある課題も分かりません。課題が分からなければ何をしていいのか分かりません。結局、そのまま停滞してしまいます。ひきこもりであれば何もできないまま時間だけが過ぎていきます。

パターン②の他人から影響されて振り回されてしまう人もゴールがありません。ただ、世の中には親切な人が多いので、何をしていいのか分からない人を見つけたらいろいろと助言をしてくる人がいます。たいていの助言してくる人は、お節介や親切心による発言なので、無責任です。無責任なら何とでも言えますので、あれこれと助言できるのです。ゴールが無い人にしてみたら他人からの助言はありがたいもので、その助言を真に受けてしまいます。実際に助言の通りにやってみて上手く行けばいいのですが、ひきこもりのような難しい問題は助言程度では上手く行かないものです。また、助言してくる人がたくさんいる場合、みんなが違う意見を言ってきたら何を信じて良いのか分からなくなってしまいます。結局、他人に振り回され続けてしまうのです。

パターン③のこれまでのやり方から抜け出せない人もゴールがありません。ゴールを決めることで現在がスタートになるので、現在を起点に考えることができるのですが、ゴールが無いと現在を起点にできません。ゴールが無い人の起点はいつなのかというと、過去です。過去の延長に現在があって、現在の延長に将来があるので、過去から将来が一直線につながっているイメージになります。この延長のイメージがある人がやり方を変えられない人です。将来は過去の延長だと信じて疑わないのです。

結局、何をしていいのか分からないし、他人から影響は受けたくないし、過去を背負ってばかりで「考えても仕方ない」と考えてしまう人はパターン④の人です。ゴールが無いので、がむしゃらに行動してしまいます。ですが、ゴールを決めないまま行動しても、その行動が正しい方向に行っているのかも分かりません。いつまで行けばいいのか、どこまで行けばいいのかも分かりません。進む方向が分からずに動いている状態は迷走なのです。

ひきこもりの問題に限らず、問題解決をするときにゴールを決めなければ、解決できる問題も解決できなくなってしまいます。

ゴールは人それぞれに異なりますし、ゴール設定にはある程度のコツが必要なので、問題解決の専門家の助言を受けながらゆっくりとしっかりと決めていきます。ですが、子をこもらせた親がするべきゴールは単純明快です。

そのゴールは何かというと、「いずれは生活保護を受ける」ことです。「生活保護」と聞いただけで、反射的に拒否反応が出てしまう人も多いのではないでしょうか。ただ、そのほとんどの人が生活保護について知らない人ばかりです。冷静に子のことを考えるためにも、生活保護について少しだけ触れておきましょう。

生活保護は第二次世界大戦の終戦後に作られました。この頃は戦後の混乱期で、戦争で働き手が亡くなった遺族や孤児がたくさんいて、働きたくても働き先がありませんでした。このような「弱者を救済」するために生活保護法は作られました。その後の日本は、高度経済成長からバブル経済へと発展し、社会全体が経済的な恩恵を享受する中で「生活保護は弱者が受けるもの」というイメージは残り続けました。そして、バブルが崩壊し、終身雇用が崩壊し、雇用機会均等法により女性の社会進出が叫ばれ、ＩＴ革命により生活が変わり、働き方の多様性と不安定さが同居するようになった２００７年にリーマンショックが起こりました。リーマンショックにより仕事が無くなった人の多くは仕方なく生活保護を受けることになったのですが、その直後に芸能人家族の生活保護受給騒動が起こりました。マスコミは躍起になって「生活保護の不正受給」という報道をして、いつしか「生活保護を受けるのは不正」という間違った印象だけが残りました。そして、「生活保護は弱者」と「生活保護は不正」という印象だけが、今でも一人歩きしているのです。

本来の生活保護は、困った人が正当に受給するための制度です。受給するからといって恥ずかしいことはありませんし、ましてや受給することが不正なんてことはありません。ただ、多くの人は、誤った印象だけで生活保護を否定しているのです。

生活保護の誤解はたくさんありますが、最も大きな誤解は「生活保護はお金をもらうだけ」というものです。

生活保護の支給が決定すると8つの扶助が受けられるようになります。内容は、生活費、家賃、医療費、介護費、教育費、生業費、出産費、葬祭費で、それぞれ生活保護の基準に基づいて受給することができます。ですが、実は生活保護を受けている人は、もう一つの扶助と言っていいサービスを受けています。それは何かというと、ケースワーカーの指導です。

生活保護を受給すると、地区担当員（ケースワーカー）がつきます。ケースワーカーは、生活保護を受給したご家庭を調査して、自立に必要な支援計画を立てて指導してくれます。もちろん、単純に働いて収入を得るような指導をするだけではなく、医療が必要な人には医療、介護が必要な人には介護、自己破産が必要な人には法律相談と、その人の健康や生活に応じた取り組みを計画的に指導してくれるのです。人間の生活はお金だけもらえれば成り立つものではありません。

お金をもらっても使い方が分からない人もいますし、優先順位を付けるのが苦手な人もいますし、具体的な手続きができない人もいます。生活保護制度の本当の強みは、ケースワーカーの存在です。自立に向けたケースワークこそが、お金以上の価値があるのです。

働けなくて、自分の身の回りのことができないひきこもりは、親が亡くなった後は生活保護を受けるしかありません。ただ生活保護のお金をもらうだけでは生活は成り立ちませんが、生活保護を受けることでケースワーカーに生活実態を調査してもらい、必要な手当てをしてもらえるのです。親亡き後に残されたひきこもりを、しっかりとケースワーカーに託せるように、生活保護を受けることをゴールにしましょう。

ちなみに、生活保護を受けるには国が定める最低生活基準を下回る必要があり、かつ申請主義なので自分で申請しなくてはなりません。最低生活基準については、住んでいる地域によって異なりますので、事前に調べておくといいでしょう。

もしも、生活保護の知識を得ないまま、「それでも生活保護だけはイヤ」と考えるなら、それは親の無知か世間体の問題です。子供のためとはいえ、勉強しない親はたくさんいますし、子供より世間体を優先する親もたくさんいます。要は、子供より自分が大切なのです。無知のまま判断されて、世間体を優先されて、親のせいでこもらされた当事者は不憫ですが、運が悪かったとしか言いようがありません。

やること③　できないことをリストにする

親亡き後も残されたひきこもりの生活は続いていきます。ひきこもりの子が自分でできることは自分でやればいいのですが、自分でできないことをどうするかが悩みのタネです。できないことの内容にもよりますが、基本は制度を使ってフォローしてもらいます。

制度を使うといっても制度はたくさんありますし、自分の子に当てはまる制度を探すといっても漠然とし過ぎていて、何から手を付けていいのか分からないかもしれません。また、テキトーに役所に相談しても、相談の内容はテキトーになってしまいます。テキトーなまま制度を使うことになっても、利用する制度が状況に合っていなかったりするので、制度を使っているはずなのに生活が不安定になってしまいます。

ですので、きちんと相談するためにも、まずは何ができて何ができないのかをリストアップすることが大切です。特に「できないこと」を明確にしておくことが大切です。

リストアップをするにしても、「これまでこもらせてきた親は、子のできることやできないことを客観的に見ることができない」ことを自覚しておきましょう。親が子を客観的に見れていれば、こもらせ続けてはいなかったでしょう。厳しい言葉かもしれませんが、親自身も自分のできることとできないことの理解が必要です。

リストの項目は次のようなものが考えられます。

「収入」
・固定収入を得られているか。
・収入が無くなったときに対策ができるか。

「支出」
・日々の支出を把握しているか。
・税金や保険料の支払いができるか。
・無駄遣いや衝動買いが無いか。

「健康管理」
・健康の自己管理ができるか。
・体調が悪いときは自分から通院ができるか。

・服薬は用法の通りにできるか。

「社会的手続き」

・役所の手続きを最後までできるか。

・（持ち家を相続する場合は）相続や登記の処理ができるか。

・（単身でアパート生活をする場合は）賃貸借契約の準備をしてアパート探しができるか。

・大きな契約事をする前に十分な下調べができるか。

「防犯」

・通帳や暗証番号等の管理ができるか。

・騙されやすくないか。

・犯罪行為に遭ったときに警察に相談できるか。

・一般常識からかけ離れた知人がいないか。

「その他」

・困ったときに相談できる人はいるか。
・忘れ物や物を無くすことが多くないか。
・強いこだわりがないか。
・感情のコントロールはできるか。

挙げていけば切りがありませんが、どれも生活を維持するには大切なことばかりです。

リストを作った後は評価をします。ですが、こもらせた親にとっては、リストを作るより評価をする方が難しい事情があります。まず、こもらせた親のこもらせた原因に「子に対する評価が間違っていた」ことがあります。子に対する評価が適切であれば、自ずと対策も適切になりますので、子をこもらせることはありません。ですので、子に対する評価方法を根本から直さなくてはなりません。

子に対する誤った評価の代表例は、機会があったらできるとか、自信を持てればできるといった「たられば」。本当にやらなくてはならない時が来たらやるといった「やってこないきっかけ」。昔は学校に行ったり働いたりしていたから今でもできるはずといった「過去の栄光」です。「たられば」を唱え続けて問題解決ができた人はいません。やってこないきっかけを待ち続ければ時間だけが過ぎていきます。過去の栄光にすがってしまえば現実は見えなくなります。親がこの調子なら、子がこもってしまうのも止む無しでしょう。

こもらせた子に対する評価は、親が死んだ後の生活を左右する重要な評価です。誤った評価をして、親亡き後の子が最悪の状況に追い詰められてしまってはいけません。ですので、今後の対策をするためにも厳しい評価が必要です。

評価は「確実にできる」「やったことが無い」「できない」の3段階評価がいい

でしょう。確実にできることであれば問題ないのですが、確実にできるかどうか分からないものについては「できない」と評価します。決して「たられば」とか「できそう」みたいな評価をしないことが大切です。項目によってはやったことが無い場合もありますので、そのまま「やったことが無い」と評価します。やったことが無いことについては、やる機会があれば評価できるのですが、実際にやる機会が無いものもありますので、いつまで経っても評価ができません。ですので、やったことが無いものについては「できない」ことを前提に考えます。

評価をするにあたって大切になるのが、誰が評価するのかということです。これまで適切な評価ができなかった親が評価しても、親の贔屓目が働いて誤った評価をしてしまいます。ですので、客観的に評価できる人に評価をお願いした方が良いでしょう。年に数回しか会わない親戚とか、信頼の置ける知人とかでも良いでしょう。第三者が客観的に見れば、ひきこもりにできることなんて殆ど無いかもしれませんが、親として厳しい評価を受け止めましょう。

やること④　病気や障害の勉強をする

リストアップと評価はきちんとできましたでしょうか。きちんと評価する程できないことばかりで愕然としたのではないでしょうか。

リストの項目は、ごく普通の健康な人なら誰でもできていることです。多くの人は「誰でもできていることができないのは、ひきこもっているから」と思いがちですが、実は「ひきこもっているから」というのは理由にはなりません。「ひきこもり」というのは状態なので、その状態になる原因があるはずです。大切なのは、原因を追究することです。ひきこもりの原因の一つは親のこもらせなのは明らかですが、実はもう一つ大きな原因があります。それは何かというと、当事者の病気や障害です。

本来は、病気や障害が原因で自立できないのであれば、それを「ひきこもり」と呼ぶのは変な話です。病気や障害といっても様々で、生まれながらに難病を抱えてしまい、治る見込みがないまま苦しい生活をしている人もいます。難病に苦しんで外に出られないような人をひきこもりと呼ぶことはありません。障害によっては、その障害が幼少期に発見されずに、大人になってから判明することもあります。障害が発見されていないときは「ひきこもり」と呼んでしまうかもしれませんが、障害が判明して障害の影響で外に出られない人を「ひきこもり」と呼ぶことはありません。病気や障害を抱えて自立できない人はたくさんいますが、治らないにせよ、自立できないにせよ、病気や障害が原因で外に出られない人は「ひきこもり」ではありません。

もしも、親が子の病気や障害に気づかない場合はどうなるでしょうか。本当は病気や障害を抱えているのに、子も親も症状に気づかないのはよくあることです。

子も親も医療の専門家ではありません。誰が見てもわかるような病気や障害であれば、生活の中で発見して治療や対処ができるかもしれません。ですが、病気や障害の中には、専門的な知識がなければ発見することすら難しいものも多くあります。

実は、ひきこもりの多くは病気や障害を抱えています。当たり前のことですが、親が無自覚にこもらせる環境を作っていないなら、健康な子がひきこもるはずがありません。そして、多くの場合で親も子も病気や障害を見過ごしています。見過ごしてしまう理由は簡単で、知識が無いからです。

では、こもらされた子にどのような病気や障害が多いのかというと、一般的には統合失調症、軽度知的障害、発達障害です。他の病気や障害を抱えていることもありますが、これらを抱えていることが圧倒的に多いのです。そして、どれにしても見た目では判断が難しいのです。

統合失調症と聞いて、正しく理解して、正しく説明できて、正しく見分けることができるでしょうか。統合失調症は、現在の精神医学でも根本的な原因が判明していません。精神科医でも鑑別を誤ってしまうことがあります。症状の特徴もたくさんあるので、他の病気や障害と見分けがつかないこともあります。陽性症状が強く出れば、幻覚、幻聴、妄想が激しくなり、子が病気を否定したとしても親や周囲の人は病気に気づくかもしれません。ですが、症状があまり強く出ない場合は「何となく変」くらいにしか思えないので、病気に気づきません。陰性症状が強く出れば、内向的になり、興味が無くなり、動かなくなります。一日中、何もしないでじっとするようになり、声をかけても反応が薄くなります。見た目は精神障害っぽくないので病気に気づかないかもしれません。

軽度知的障害と聞いて、正しく理解して、正しく説明できて、正しく見分けることができるでしょうか。子の知的障害を認めたくない親は「うちの子は、勉強は苦手だったけど、学校は元気に行ってたから知的障害なんてあるわけない。確かに、計算とかは極端に苦手だけど、誰にだって苦手なことはあるし、人柄が良ければ世渡りはできるはず。役所の手続きとか、書類の記入とかも、本当に間違えてばかりだけど、きちんと教えてあげればできるし、うちの子が知的障害なんてあるわけない。」みたいに思っていることが多いのですが、障害を否定しても障害が無くなるわけではありません。本当は知的障害を抱えているのに、親が障害を否定してしまい、子は障害のケアをされないまま健常者と同じ扱いをされてしまえば、当然のように失敗を繰り返してしまいます。結局、何もかも嫌になってしまえば、ひきこもるしかありません。

発達障害と聞いて、正しく理解して、正しく説明できて、正しく見分けることができるでしょうか。最近は発達障害という言葉を聞いたことのある人は増えていますが、親世代の若い頃は発達障害という言葉すら無かった時代です。一言で発達障害と言っても、その特徴は多岐に渡りますし、特徴ごとに呼び名が変わります。昔は「ウドの大木」と呼ばれていたような人は、今の診断では自閉症スペクトラムかもしれません。昔は「おっちょこちょい」と呼ばれていたような人は、今の診断では注意欠陥多動性障害（ＡＤＨＤ）かもしれません。昔は「勉強できない落ちこぼれ」と呼ばれていたような人は、今の診断では学習障害（ＬＤ）かもしれません。昔なら当たり前のようにいた人は、今の診断では発達障害です。昔の感覚では、今の時代の障害は見分けられないのです。

これらの病気や障害は見た目では判断しづらいものです。経験だけで判断してしまうと見誤ってしまいます。ですが、病気や障害の判断をしないままでは適切な対応ができません。

親として、こもらせてしまった子に何をするべきかというと、「病気や障害の勉強をする」ことです。最低でも医者と対等に話し合えるくらいの知識を身につけて、子に病気や障害の疑いがないか判断するのです。決して「医者に教えてもらおう」とか、「分かる人に判断してもらう」みたいに他人任せにしてはいけません。なぜなら、こもっている子に一番身近で、一番たくさんの情報を持っているのが親だからです。大事な判断になりますので、しっかりと勉強してください。

もしも、「子のためでも勉強はしたくない」と思ってしまうなら、その怠惰が子をこもらせたのは明らかです。怠惰な親の子がこもるのは当たり前のことです。ひきこもりの解決はしませんが、こもらせた原因は明らかになります。

やること⑤　病院に行かせる

病気や障害の勉強をしっかりしたら、次は子を病院に行かせます。

何の理由も無くひきこもっている人はいません。ましてや、自分からひきこもる人なんかいません。親が無自覚にこもらせているのでなければ、ひきこもりの原因は病気や障害の可能性が高いと考えた方がいいでしょう。病気や障害の知識をしっかりと身につけていれば、子の特徴と病気や障害の特徴にたくさんの類似点があることに気づくはずです。本当に病気や障害を抱えているのかは、医者に診断してもらうしかありませんが、「なんか病気や障害っぽいな」と気づけるのは、子の近くにいる親しかいません。

病院に行かせるといっても、実際は様々なハードルがあります。代表的なハードルは次のようなものです。

・子が病院に行くことを嫌がっている。
・自分の子が病気や障害とは思えない。
・親戚や近所の目が気になって通院できない。
・何科に受診すればいいのか分からない。
・初診で先生に何て言えばいいのか分からない。

子が病院に行くことを嫌がる場合は、無理に連れて行っても仕方がありません。診察室で医者と話ができなければ、病院に行っても意味がありません。医療機関によっては患者が通院できなくても、家族や第三者との診察をしてくれたり、訪問診療をしてくれることもあります。無理に子を動かすのではなく、相談してくれる医療機関を探すことから始めてみましょう。

自分の子が病気や障害とは思えない親はたくさんいます。病気や障害の知識をしっかりと身につけたうえで、まったく障害や病気の特徴に当てはまらないという判断ができるならいいのですが、大抵は「親の贔屓目」が働いてしまいます。その贔屓目が子をこもらせている原因です。この機会に親の贔屓目を自覚することから始めましょう。

親戚や近所の目が気になってしまう親もたくさんいます。せっかく訪問診療をしてくれる医療機関を見つけても、「家に医者が来るところを見られたくない」と思って躊躇してしまえば、現状維持が続いてしまいます。親として子より世間体が大切だと思っているなら仕方ありませんが、はっきり言えば親失格です。そのような親が生きているうちは、こもらせは絶対に解決しません。こもらされた子は、こんな親に生まれて運が悪かったと諦めるしかありません。

何科の病院に行けばいいのか分からないのは、実は良い悩みです。何の準備もしないまま、とりあえず適当に近所の精神科に行って、よく分からないまま効果の分からない薬を処方されて、とりあえず飲ませてみても効いているのかどうかもよく分からなくて、そもそもいつまで通院すればいいのかも分からなくて、治療の効果も分からない状況に陥ってしまいます。通院先は精神科やメンタルクリニックになるのですが、ひきこもりの診察をしてもらうなら、発達障害や知的障害に明るい先生がいる病院に行くのが大原則です。できれば幼少期の発達を専門にしていたり、障害を判定するための心理検査をしている病院が良いでしょう。

そして、一番大切なのが初診です。初診で、子の状態を過不足無く明確に医師に伝えなくてはなりません。上手く伝えられなければ適切な診断はできませんし、治療方針も定まりません。初診で医師と対等に話をするためにも、親が病気や障害の知識を身につけることが不可欠なのです。

ハードルはたくさんありますが、なんとか通院を成功させて、医師から適切な診断をしてもらいます。医師と相談をしながら、できれば心理検査を受けて客観的な障害の判定もしてもらいましょう。

もしも、診察や心理検査をして病気や障害が見つかれば、ひきこもっていた原因が見つかったことになります。病気や障害のせいで自立できなかったわけですので、今まで障害を理解されずに無理をしてがんばってきたことになります。これからは、障害福祉サービスを使って病気や障害のケアをしながら、無理のない範囲で自立できる環境を作れば良いでしょう。

もしも、病気や障害が全くないというなら、ひきこもりの原因は親のこもらせか、子の財産狙いです。これは、ひきこもり問題ではなく親や家族の問題です。自分の問題を子のせいにしないで、自分の問題として受け止めて、やり直していくしかありません。

やること⑥　障害者手帳を取る

子の病気や障害が分かったなら、次は病気や障害に応じて障害者手帳を申請しましょう。障害の種類や等級に応じて、様々なサービスを受けることができます。親亡き後に残された子が安定した生活をするには不可欠な取り組みです。

障害者手帳の申請についての相談は、まずは子の病気や障害の診断をしてくれた主治医とすると良いでしょう。障害者手帳の申請時に主治医の意見書を添付するのですが、主治医のお墨付きがあると滞りなく手続きができます。できれば、主治医とは単に障害者手帳申請だけの話をするのではなく、手帳取得後に必要なサービスの話もしておくと良いでしょう。ただ、医者によっては福祉サービスのことをよく知らない場合もあるので、相談できる医者なのかよく見極めながら相談しましょう。当たり前のことですが、医者の質を見極めるのは自分ですることです。

障害者手帳の申請について役所で相談する場合は、少し気をつけなくてはなりません。実は、障害者に対する対応は自治体によって全く異なります。障害者に対する予算の配分が少ない自治体もありますし、歴史的に障害者を排除してきた地域もあります。「障害は恥ずかしい」とか「身内から障害者が出たなんて知られたくない」といった地域の障害福祉は、未だに大きく遅れています。また、役所の担当者によっても対応は大きく変わります。障害福祉に熱心な職員なら親身の相談を聞いてくれますし、必要なサービスや今後の生活にまで一緒に考えてくれることでしょう。ですが、どのような仕事も熱心な人ばかりではありません。たまたま異動先が障害の係でやりたくも無い仕事だけれどとりあえず次の異動まで我慢しながらやっている人もいますし、組合活動が忙しすぎて本業が疎かな人もいます。このような人は仕事を最小限にしようとしますので、簡単な事務手続きの仕事しかせず、当事者や家族がどんなに障害で困っていたとしても、中身のある相談は受けてくれないのです。自分が住んでいる自治体が障害福祉に手厚いと分かっているなら良いのですが、地域の事情が分からなかったり、明らかに障害者に厳しいことが分かっているなら、役所の人と相談するより、主治医と話をしておいた方がいいわけです。

自治体によっては障害者の相談業務を民間に委託している場合もありますが、この場合も気をつけるところは同じです。障害福祉に手厚い自治体だったら、しっかりとした業者を選定して質の高さを求めています。障害福祉は専門性の高い業務ですので、総合職の公務員では難しい専門的な業務を民間に委託するのが、今では当たり前です。ですが、障害福祉に熱心ではない自治体の場合は、一応は業者に委託をしたとしても、業者の質が良くなかったり、委託費が少なくて人員が足りていなかったり、何を相談しても「福祉サービスを利用しない理由」ばかり返されたりして、結局は何も変わらなかったりします。ただ、役所の人でも委託業者でも「医者の意見」は最大限に尊重しますので、まずは主治医と話をしておいた方がいいのです。

やること⑦　成年後見制度を学ぶ

障害があっても無くても、親亡き後に残された子は一人で生活していきます。生活とは何かというと、収入を得て、支出を収入の範囲に抑えて、税や保険料を納めて、資産があればその分の税金を払って、必要に応じて契約を取り交わして、防犯意識を持ちながら、万が一トラブルに巻き込まれてもしっかりと対応していく、といった営みです。普段はあまり意識しなくても、何かの事情で一つでも崩れてしまうと、途端に生活全体が崩れてしまうこともあります。

収入が無ければ生活ができません。

支出が収入より大きくなると生活が崩れます。

税金が払えなくて放ってしまうと、強制執行されて生活が崩れます。

仕事であれば雇用契約、アパートであれば賃貸借契約、ローンやクレジットの契約も身近ですし、契約事をうまく取り交わせなければ生活環境が作れません。防犯意識が乏しければ様々なトラブルに巻き込まれやすくなります。実際にトラブルに遭ってしまったときに対応できなければ生活が崩れます。

他にも生活を営むうえで大切なことはたくさんありますが、何か一つでも崩れてしまうことで生活全体が崩れてしまうことは珍しくありません。

収入が無いことについては生活保護を受給すれば解決するのですが、それ以外の問題は生活保護では解決しません。それ以外の問題を大まかに分けると「金銭管理」「契約事」「権利」です。これらの問題は、まともに生活している人でも難しい場合がありますし、ましてや長期間こもらされた子にできる理由がありません。これらの問題は、親が生きているうちは親がやってあげていたことですが、いよいよ親が寿命を意識したときに困る問題です。親としては「だれにも頼めない」と思ってしまいますが、実は、このような問題を頼む制度があります。それが成年後見制度です。

成年後見制度の対象は「成人」です。成人だけど、やむを得ない理由で判断能力等が乏しい人に対して、裁判所が当事者の能力が無いことを認めて、当事者の代わりになる人を選定します。選定された人は当事者の権利を守るために、裁判所から与えられた業務を全うする義務が発生します。どのような業務をしてもらえるのかというと、金銭管理、契約事、権利擁護等です。つまり、収入以外の生活の問題を当事者の代わりに守ってくれるのです。

成年後見の申し立ては家庭裁判所にしますが、成年後見の相談については弁護士や司法書士とするのが一般的です。成年後見は非常に重い制度で、裁判所（国）が当事者の能力を判定して、「できない認定」をするということです。これは、言い換えれば「基本的人権の剥奪」です。本来、経済活動も契約も権利も自由です。国が個人の自由を侵害してはいけませんし、他人が自由を侵害してもいけません。ですが、本当にやむを得ない理由があって、どうしても当事者にはできないことで、基本的人権を剥奪しても尚、当事者が守られるときに限り、成年後見が認められるのです。自由や基本的人権と直接対峙するから非常に重いのです。ですので、弁護士や司法書士と相談をする前に、親が成年後見制度の知識を十分に得ることが重要です。子供のために勉強できない親はいないと思いますが、親にしかできないことですので、しっかりと知識を身につけましょう。

やること⑧　専門家と成年後見の相談をする

いよいよ専門家と成年後見の相談をします。ですが、ここでいったん振り返りをしましょう。やること①からやること⑦までの取り組みはきちんと出来ていますでしょうか。

やること①では、親が人生を楽しむ大切さを共有しました。人生を楽しむためには親が自分の人生と向き合わなくてはなりません。自分の人生は良い人生だったと子に伝えられていますか。

やること②では、ゴールを決めることとの大切さを共有しました。親として、こもらせてしまった子に対して、ゴールは明確になっていますか。収入が無ければ生活保護を受けるしかありません。

やること③では、子のできないことをリストアップしました。客観的にできないことを挙げられたでしょうか。これから成年後見の相談を専門家としますが、何ができて何ができないかを明確に伝えられますか。

やること④では、病気や障害の勉強が必要だと共有しました。しっかりと勉強をして、病気や障害の見立てはできていますか。健康な子がひきこもるはずがありません。

やること⑤では、病気や障害の勉強をしたうえで病院に行かせることを共有しました。子を病院に行かせられましたでしょうか。行かせられなかったとしても、訪問診療をお願いしたり、家族だけでも医師と相談をしましたでしょうか。

やること⑥では、障害者手帳の申請について共有しました。申請に際しての注意点もありました。必要なサービス利用の準備は整っていますか。

やること⑦では、成年後見制度を学ぶことを共有しました。しっかりと知識を身に付けたうえで、専門家と相談する準備は整いましたでしょうか。

なぜ、成年後見制度の相談をする前に振り返りをしたのかというと、裁判所に申し立てをしてしまうと後戻りができないからです。成年後見制度は基本的人権を剥奪する重い制度です。気軽に権利を付けたり止めたりはできません。取り得る準備は全て整えてから相談に挑みましょう。

そして、これまでのやることを全てクリアしてきたなら、弁護士や司法書士と話すのは難しくありません。こもらせてしまった子が、どのような状態で、何ができて、何ができなくて、障害の有無がハッキリしていて、ゴールが明確なのです。そのうえで、親亡き後に残された子が安心して生活できるように、子が出来ない部分を成年後見制度で補って欲しいと相談するだけです。

ちなみに、親が亡くなった後、いずれ子は生活保護の申請をすることになるのですが、専門家と成年後見の相談をするときに、生活保護を申請するタイミングについても相談しておきましょう。生活保護は申請主義なので、自分から申請をしなくてはならないのですが、ひきこもりの子は自分で申請手続きができないかもしれません。できれば、親が生きているうちに子の保護申請をしたいところですが、親が亡くなった後でないと申請できない状況なら、誰かに保護申請の手助けをしてもらわなくてはなりません。ここらへんは「権利」についての話になりますので、成年後見制度の相談をするときに一緒にしておくと良いでしょう。

やること⑨　資産を現金化しておく

良かれと思ってやったことが裏目になってしまうのは、誰でも嫌なものです。裏目になったことが最悪の結果になってしまうなら尚更です。

親がひきこもりの子を思い、良かれと思って裏目になってしまうことの代表が、ひきこもりの子に資産を残すことです。

ひきこもりの子は収入を得ることができませんので、親心としては少しでも多くの資産を残してあげたいと思ってしまいます。

ですが、その資産が最悪の結果を招きます。収入が無ければ生活保護を受けるしかないのですが、資産があることによって生活保護を申請しても却下になってしまうことがあるからです。

資産だけ所有していても、生活費がなければ「今日、食べる物がない」といった状況に陥ってしまいます。資産があることで生活保護が受けられなくなり、最悪は自殺や餓死といった命の危険にまで晒されるのです。自殺や餓死にまで至らなかったとしても、生活費が無ければライフラインが止まることもあります。外壁や水回りの修繕をしないまま自宅が朽ちてしまうことも珍しくありません。電気もガスも水道も止まり、半ば朽ちた家で、残された子は鬱々と生活していくのです。生活保護さえ受けられれば、最低限の生活を保障してもらえたのに、親が資産を残してしまったことで、生活保護以下の生活をすることになってしまいます。

やること⑨　資産を現金化しておく

資産といっても様々ですが、ここで問題になりやすいのが、売却や手放すときに難しい手続きや費用のかかるものです。特に、土地家屋といった不動産を相続してしまうと、所有しているだけで固定資産税はかかりますし、放っておくと荒廃しますし、単純に手放すことはできませんし、個人で処分をするのは難しいですし、売却をしようとしても買い手が付くまでに時間がかかりますし、費用も相当にかかります。売れたら売れたで税がかかる場合もあります。

資産を維持することも、手放すことも、ひきこもりの子には「できない」と考えるしかありません。

親がひきこもりの子のことを思うなら、資産は現金化しておきましょう。現金であれば使うことも手放すことも簡単です。無くなれば生活保護を受給することができます。

こもらせる親が、なぜ資産を残したがるのかというと、子のできることとできないことが分かっていないからです。できないことが明確に分かっていれば、資産を残すなんて恐ろしくてできません。ただ、こもらせる親の多くは「この家には思い出が残っているから」とか、「うちの子は自動車が好きだから」といった情緒的な理由で資産を相続させようとします。このような親は、現実が見えなくて、自分の心の中だけで生きてきたから、子をこもらせてしまったわけです。こもらされた子は、今でも親の夢の中に生きているのかもしれません。

やること⑩　遺言を書いておく

こもらせた親がするべきことを説明してきましたが、いよいよこれで最後です。最後にすることは何かというと、遺言を書いておくことです。

この本では、子をこもらせた親がやるべきことを説明してきました。できれば全て取り組んでいただきたいのですが、実際はうまくいかないこともあると思います。特に、資産に関することについては、「ひきこもりの子がまだ家にいるから売却できなかった」とか、「資産の分割について親族と話し合いが進まなかった」ということがあるかもしれません。親だけでは決められないこともありますし、着手するタイミングが合わないこともあります。ですので、親として、生前に、どうしてもできなかったことについては、しっかりと遺言として残しておきましょう。

遺言の作成については、司法書士等の専門家の助言を聞くことが大切です。成年後見の相談をした専門家に相談してみるのも良いかもしれません。生きている間に、心残り無く、子のためにできることを済ませておきましょう。

おわりに

「自立」とは何でしょうか？

自立は「自ら」「立つ」と書きます。

「自ら」は、自分のことです。「立つ」のも自分です。

ひきこもり（親のこもらせ）の相談は、親からの相談も多くあります。「うちの子がひきこもっていて、何とかして欲しい」という感じです。

ただ「自立」という視点から見ると、「うちの子を何とかして欲しい」というのは自立ではなく「他立」です。自分の子とはいえ、誰もが生まれ落ちれば別の人生を歩むわけで、親子とはいえ別の人生であり「他人」です。他人を立たせたいなら「他立」ということです。

ひきこもりの「自立支援」をするのであれば、支援の対象者は親になるはずです。ひきこもりを抱えて困っているのは、誰でもなく親です。困っている親が、自分で立って、目的を持って、必要な事に取り組んで、解決できるまで支援するのが、本来のひきこもりの自立支援です。

自分は座ったまま、別人である子を動かそうとしてしまっているところに、ひきこもり問題の根本があります。歪な「他立支援」になっていることに気づかないまま、親の気持ちに迎合している行政や支援団体にも問題はありますが、本来は、親が自ら立って、やるべき事をやるべきなのです。

「うちの子を何とかして欲しい」という気持ちの底には、「自分は動かずに、別人を動かしたい」という無自覚の思いがあります。こもらされた子は、この無自覚の思いを感じながら生活してきたのだと思います。

「自分は動かずに、別人を動かしたい」とは、まさに、ひきこもりの発想です。そして、その発想は親から子へと継承されているのです。

本書は、子が自立できないことを前提に、親がするべき事を説明しました。

もしも、本当に親が子を自立させたいなら、親はどうすればいいのかというと、親が自ら立ち、親として、人間として、自立することです。意識的にも無意識的にも「自分は動かずに、別人を動かしたい」という発想を改めて、自ら立てるようになれば、その自立は子に継承されるかもしれません。

始めるのに早いも遅いもありません。70歳でも80歳でも、人は生きているうちは変化ができます。意識があり、五感のうち一つでも機能しているなら、人は変化できるのです。親が自ら立ち、変化できるなら、その子だって自ら立ち、変化できるはずです。

著者プロフィール

川崎　栄太（かわさき　えいた）

キャリアコンサルタント。

1978年生まれ。

IT関連派遣会社の勤務時代に、派遣社員のキャリア向上に問題意識を持ちキャリアコンサルタント資格を取得。

その後は、若者サポートステーション、若者自立塾キャリア講師、生活保護受給者に対する支援（就労意欲喚起、転居、見守り支援等）、生活困窮者に対する自立支援等の現場を経験。自立やキャリアアップに悩む対象者の支援を続けている。

著書『好転人生　良い支援者の見分け方』（2018年　文芸社）

ひきこもらせた親が死ぬまでにやるべきことを教えます

2021年7月15日　初版第1刷発行

著　者　川崎 栄太
発行者　瓜谷 綱延
発行所　株式会社文芸社
〒160-0022　東京都新宿区新宿1－10－1
電話　03-5369-3060（代表）
03-5369-2299（販売）

印刷所　神谷印刷株式会社

ISBN978-4-286-22807-5